E 起充电吧

无人驾驶

汽车初体验

郭 威　陈 磊　武光华　陶 鹏
张 宁　史 轮　丁建勇　国晓宇 ◎ 著
张秀丽　张亚娣　苏育聪

中国电力出版社
CHINA ELECTRIC POWER PRESS

图书在版编目（CIP）数据

无人驾驶汽车初体验 / 郭威等著 . -- 北京：中国电力出版社，
2025. 2. --（E 起充电吧）. -- ISBN 978-7-5198-9595-2

Ⅰ . U471.1-49

中国国家版本馆 CIP 数据核字第 20256BH000 号

出版发行：中国电力出版社

地　　址：北京市东城区北京站西街 19 号（邮政编码 100005）

网　　址：http://www.cepp.sgcc.com.cn

责任编辑：陈　丽

责任校对：黄　蓓　张晨荻

装帧设计：赵姗姗　锋尚设计

责任印制：石　雷

印　　刷：北京瑞禾彩色印刷有限公司

版　　次：2025 年 2 月第一版

印　　次：2025 年 2 月北京第一次印刷

开　　本：787 毫米 ×1092 毫米　16 开本

印　　张：2.5

字　　数：33 千字

定　　价：20.00 元

寄 语

亲爱的读者：

您好！

电是我们生活中密不可分的"小伙伴"，它如同充满活力的精灵，跳跃奔跑在每一个角落，为我们的生活带来了前所未有的便利与繁荣。

您知道电是从哪里来的吗？您知道电是如何输送储存的吗？您知道电力科技是如何改变生活的吗？在此，非常荣幸地向您推荐《E起充电吧》系列电力科普丛书，这是一套由国网河北省电力有限公司营销服务中心（简称国网河北营销中心）的电力科技工作者们精心编制的电力前沿科学技术知识的趣味科普丛书。

《E起充电吧》系列电力科普丛书将科学性和趣味性融为一体，以大家喜闻乐见的故事为载体，采用生活化的语言，轻松揭开电力前沿科学技术的神秘面纱，通过画册的形式将深奥的科学知识讲得形象生动。书中的主人公小智在智慧用电科普基地电力科普小使者小E的带领下，前往桃花源探索微电网背后的奥秘，通过乘坐无人驾驶汽车了解无人驾驶的科学原理，在给电动汽车充电的过程中认识不同类型充电桩的神奇功能，利用穿梭机进入光伏板内部零距离观察光电转化的秘密，在储能电池内部参观电能被储存和释放的科学过程。

善读书，读好书。一本好的科普读物犹如一匹骏马，带您不断向前奔驰；一本好的科普读物恰似一座宝藏，让您不停探索奥秘；一本好的科普读物宛若一双翅膀，载您尽情翱翔蓝天。那么，接下来就让我们跟着《E起充电吧》开启愉快的科普阅读之旅吧！

最后，祝您在阅读中发现更多电力的奥秘与乐趣！

国网河北省电力有限公司营销服务中心

2024年10月

基地简介

国网河北营销中心智慧用电科普基地，是国网河北营销中心倾力打造的集研学、创新、实践、科普为一体的电力特色科普基地。基地致力于电力科普工作，宣传最新电力成果、传播电力科学知识、普及安全用电常识、开展科普教育活动，促进全民科学素质提升。基地先后被命名为"河北省科普教育基地""河北省科普示范基地""电力科普教育基地""能源科普教育基地"。

欢迎关注"智慧用电科普基地官方微信"学习有趣好玩的电力知识，了解电力前沿动态。

智慧用电科普基地官方微信

人物介绍

小E：电力科普小使者，来自国网河北营销中心智慧用电科普基地，精通电力科学知识，热衷于探索一切关于电力的创新科技，喜欢科普电力世界的科学知识和原理，是孩子们学习成长过程中的好伙伴。

小智：性格开朗的阳光男孩，对未知的世界充满好奇，对科学知识充满渴望，喜欢探索新鲜事物，热衷观察生活，擅长思考钻研科学问题。

小智爸爸：成熟稳重的中年男士，富有责任心，拥有丰富的专业知识和社会经验，是孩子们的良师益友。

　　阳光明媚的周末，小智正在和爸爸热烈地讨论去哪里游玩。

　　爸爸神秘地说："听说智慧用电科普基地引进了一辆无人驾驶汽车，我们去看看好不好？"

　　小智挥舞着手中的玩具汽车，兴奋地说："好呀好呀！那还等什么？我们快出发吧！"

刚到智慧用电科普基地，就看到一辆科技感十足的无人驾驶汽车静静地停靠在基地的大门口。

小E说："随着汽车智能化、电子化的发展，无人驾驶汽车已经从科幻世界中'驶'入我们的现实生活了。"

小智双眼放光地说道："看，这辆无人驾驶汽车好酷炫呀！"

看着兴奋的小智，爸爸说："是啊，无人驾驶汽车和普通汽车确实不太一样，车身上配备了很多先进的传感器和摄像头，充满了科技感。"

小智指着摄像头说："真的有好多摄像头啊，它们都是干什么用的呢？"

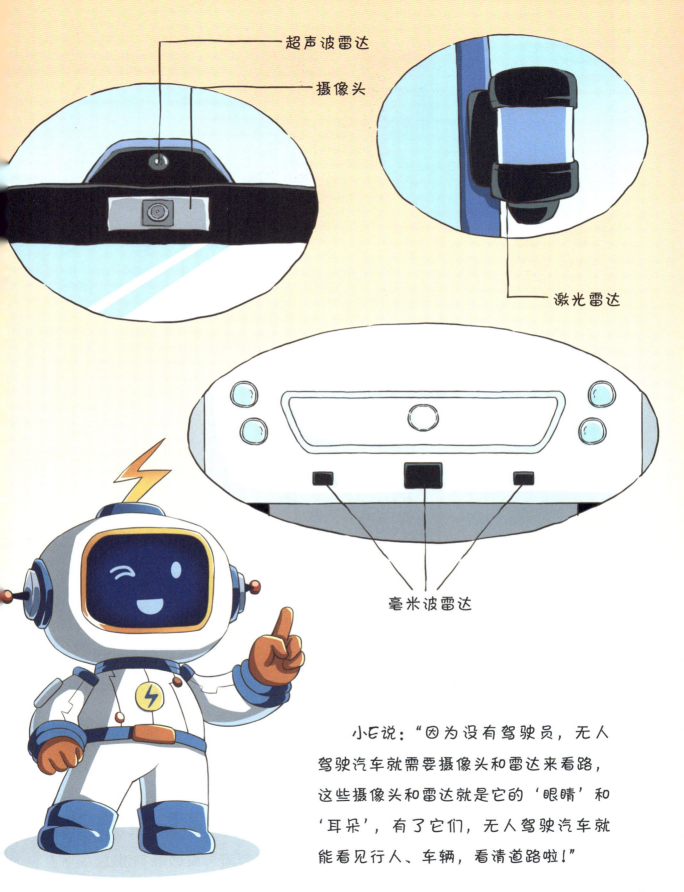

超声波雷达

摄像头

激光雷达

毫米波雷达

小E说："因为没有驾驶员，无人驾驶汽车就需要摄像头和雷达来看路，这些摄像头和雷达就是它的'眼睛'和'耳朵'，有了它们，无人驾驶汽车就能看见行人、车辆，看清道路啦！"

这时，无人驾驶汽车的车门缓缓打开，大家依次进到宽敞明亮的汽车车厢。

"欢迎大家乘坐智慧用电科普基地摆渡车，它是一款智能无人驾驶汽车，车身采用先进的轻型复合材料，整体以全弧玻璃打造，搭载自动驾驶计算平台与传感系统，能够实现L4级自动驾驶和5G平行驾驶。"车上的安全员介绍道。

楼宇

行人

小智兴奋地指着车厢里配置的电子大屏说："快看，这个超大屏幕，可以看到路面的信息，好厉害！"

红绿灯

小E说："这块超大屏幕是无人驾驶汽车的AI高清大屏，它不仅能够清晰地展示车外的路况环境，还可以实时显示景物、建筑物的标注信息，让人们能够沉浸体验自动驾驶技术。"

"爸爸，这里还有两块小屏幕！"小智大声说。

爸爸摸着小智的头："这是行驶屏和车辆管理屏，行驶屏通过动态数字地图和智能语音告诉我们汽车行驶的路线和站点信息。通过车辆管理屏，可以查看车辆运行状态，对车辆进行任务设置，实现人车之间的智能互动。"

参观完无人驾驶汽车的车厢，大家纷纷落座。

看见大家系好安全带，安全员说："接下来我们将搭乘这辆摆渡车，一起去感受无人驾驶汽车的奥秘。"

这时不远处一名穿着橙色工作服的环卫工人从车前走过。小智焦急地大喊："快闪开！快闪开！要撞上啦！"

停！

"不用担心，无人驾驶汽车会自己停下的。"小E安慰道。

就像小E说的那样，无人驾驶汽车缓缓停了下来，并没有撞上路过的环卫工人。

停！

小智不解地问道："汽车怎么自己停住了？"

"小智，你忘了无人驾驶汽车上的摄像头和雷达了？它们可以看见行人，会告诉车上的智能计算机，计算机经过智能判断后就会让汽车停下来，不会撞到路上的行人。"爸爸解释道。

话音刚落，无人驾驶汽车再次启动，绕开环卫工人后，继续向前驶去。

小E说："无人驾驶汽车使用的激光雷达就像千里眼一样，可以通过发射激光脉冲来看清周围的情况，摄像头则可以精确识别路面交通线、车辆、行人以及其他障碍物。"

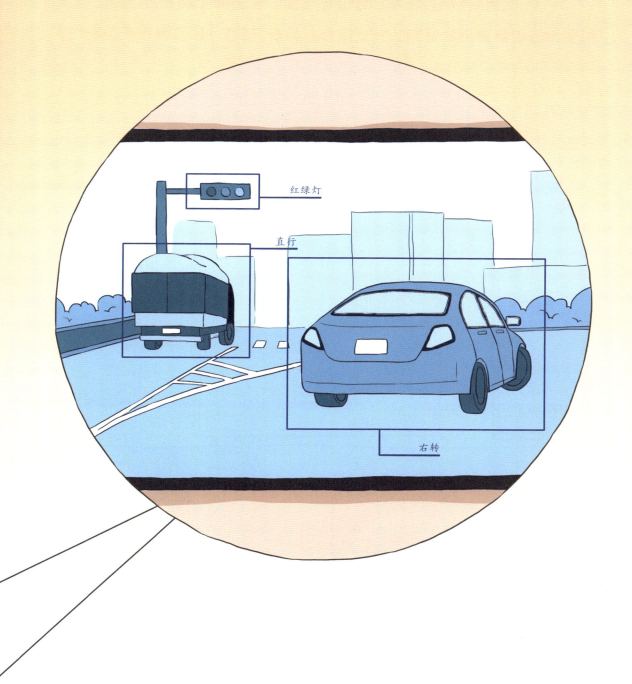

　　小E又继续补充道："无人驾驶汽车很'聪明'，它将环境数据牢牢地记在智能计算机系统中，再加上感知系统摄像头和雷达等传感器的帮助，经过各种智能算法，无人驾驶汽车就可以针对不同的场景采取不一样的处理方式，保障车辆安全行驶。"

"这些摄像头还具备夜视、远红外功能，能够对可疑行为、安全隐患等进行自动拍照预警，让无人驾驶汽车化身自动巡逻的'保安'，保护园区的安全。"小E补充道。

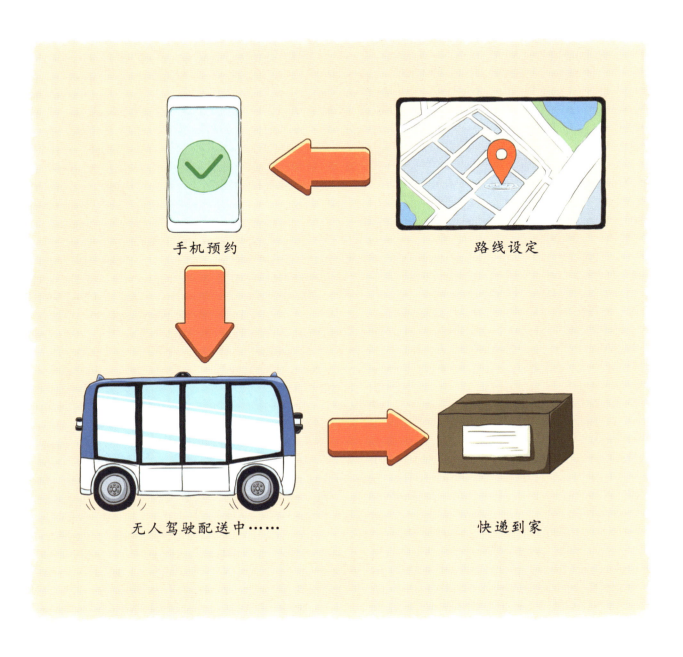

手机预约

路线设定

无人驾驶配送中……

快递到家

　　"除了做'保安'，无人驾驶汽车还能做'快递员'！我们可以在自动驾驶运营控制平台为无人驾驶汽车设计好配送路线，通过手机预约，就能够足不出户地等待无人驾驶汽车把快递从配送点取回来，解决快递'最后一公里'的难题。"小E说道。

　　爸爸不禁感叹："无人驾驶汽车可以做的工作真不少啊！"

时间过得飞快，无人驾驶汽车缓缓停在科普基地大楼面前。

小智兴奋地说："到站了！到站了！"

小E按下车门按钮，无人驾驶汽车的车门自动打开，大家依次走出车厢。

小智问："它现在要去干啥？"

"它应该是要回去充电了。"爸爸回答道。

小E说："设错，这台无人驾驶汽车装有无线充电模块，会在运行过程中监测电量，当电量不足时，会发出提醒，汽车就会自动回到车位进行充电。"

"无人驾驶汽车真是太棒了，我长大以后也要发明这样的智能汽车！"小智说道。

小E微笑着回答："相信你能做到。科技的未来属于充满梦想和创造力的人。"

"谢谢你，小E！那么接下来，我们做什么？"小智说道。

小E开心地回答："接下来就让我们一起参观智慧用电科普基地吧！"

拓展阅读

 无人驾驶汽车介绍

扫码观看科普短视频:
智能摆渡车"解锁"
无人驾驶新科技

无人驾驶汽车又称自动驾驶汽车、电脑驾驶汽车、轮式移动机器人,是一种通过电脑系统实现无人驾驶的智能汽车。

无人驾驶汽车依靠人工智能、视觉计算、雷达、监控装置和定位系统协同合作,让电脑可以在没有任何人类主动操作的情况下,自动安全地驾驶机动车辆。

 自动驾驶等级划分

L0级: 无自动化——完全由驾驶员控制。

L1级: 驾驶辅助——车辆可以在某些情况下辅助驾驶,例如自适应巡航控制。

L2级: 部分自动化——车辆可以在特定条件下同时控制方向和速度,但驾驶员需随时准备接管。

L3级: 有条件自动化——车辆可以在限定条件下完全自主驾驶,但需要驾驶员在系统请求时接管。

L4级: 高度自动化——车辆在特定区域内可以完全自主驾驶,无须人为干预。

L5级: 完全自动化——车辆在所有道路和环境下可以完全自主驾驶,无须驾驶员。

无人驾驶系统构架

无人驾驶汽车与传统人工驾驶汽车最大的不同是人工智能技术的主导，其驾驶过程是机器不断收集驾驶信息，并进行信息分析和自我学习，从而达到自动驾驶的系统工程。无人驾驶系统可以分为感知层、决策层、执行层，就像人类的眼睛、大脑、手脚。

感知层基于各类传感器完成对车内外环境的感知。感知模块主要由摄像头、激光雷达、毫米波雷达、高精度地图构成。

决策层通过反馈回来的信息建立相应的模型，通过分析，制定最佳的控制策略，并指挥执行层做出相应的动作来代替人类进行驾驶。

执行层主要通过电子控制单元和执行器，根据决策层的控制信号，控制车辆进行加速、制动、转向等动作，确保无人驾驶汽车按照决策结果进行准确行驶。

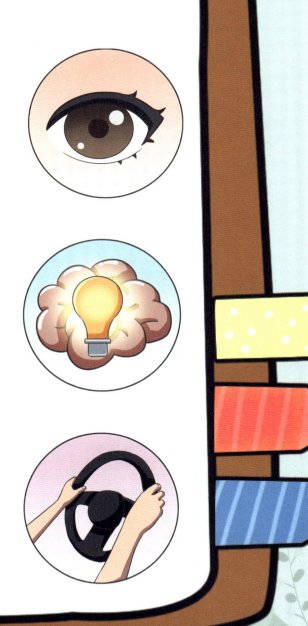

无人驾驶汽车的重要技术

人工智能技术：人工智能是无人驾驶汽车测试和开发的一大重点，人工智能拥有的深度学习能力，可以通过大量数据的学习和分析，让车辆能够自动感知和响应外部环境，并在不断地学习和调整中，使无人驾驶更加智能化。

传感器技术：传感器技术是实现无人驾驶的核心技术之一，无人驾驶汽车需要实时收集车辆周围环境的信息数据，如声音、光线、距离、标志、道路、行人等各种信息，供智能计算机进行分析和决策。

高精度地图技术：高精度地图技术是指通过地图测绘技术来创建实时、高精度、三维的地图数据，它可以帮助无人驾驶汽车预测复杂的道路信息，如坡度、曲率、航向等信息，提供更加精确的路线指引。

通信技术：在实现无人驾驶的过程中，通信技术也发挥着重要作用，它可以帮助无人驾驶汽车与周围其他车辆、设备、交通系统进行通信，共享数据、交换信息，从而实现更加高效的信息连接和传输。

大数据技术：无人驾驶中涉及的各种传感器和系统会不断产生大量数据，可以通过大数据技术处理和分析数据，从海量数据中挖掘出有用的信息，为无人驾驶系统的学习和提升提供支持和保障。

无人驾驶汽车的优势

全天候服务：无人驾驶汽车能够7X24小时运行，随时随地满足人们的出行需求。

安全可靠：无人驾驶汽车能够实时监测周围环境，做出快速反应，提高行驶安全性。

环保节能：无人驾驶汽车目前以新能源汽车作为载体，可减少燃油消耗和碳排放，实现绿色出行。

高效出行：AI算法能够根据实时交通状况规划最优路线，减少拥堵，缩短出行时间，提高出行效率。

体验更佳：乘坐无人驾驶汽车，人们可以在车内休息、工作或娱乐，无须担心驾驶问题，出行体验更加舒适和便捷。

阅读笔记